DE LA DÉFENSE

DU

TERRITOIRE FRANÇAIS

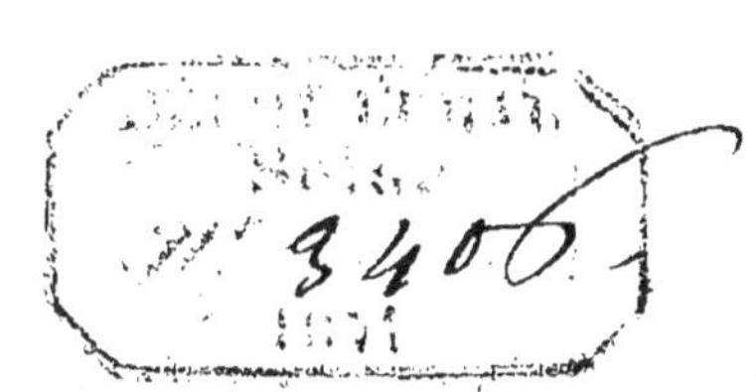

AVANT-PROPOS

La déplorable issue de la guerre de 1870 et l'énormité des dépenses que l'on se propose de faire pour le camp retranché de Paris m'ont suggéré quelques réflexions sur le système qu'il conviendrait d'adopter pour la défense de notre territoire.

Si jamais la lutte doit se renouveler entre l'Allemagne et la France, ce sera pour nous une question d'existence.

Pendant le siége de Paris, des journaux à la solde de l'ennemi insinuèrent que la royauté pourrait êtré rétablie en France au profit d'un prince prussien. Plus tard, au moment de la conclusion de la paix, ils nous prévinrent que, pour cette fois, on se contentait de nous prendre l'Alsace et une partie de la Lorraine, mais qu'à la première occasion on nous arracherait encore d'autres provinces.

Nous sommes prévenus : il s'agit de la domination étrangère ou du démembrement de notre territoire. C'est à ce point de vue que nous devons nous placer pour arrêter nos résolutions ; elles doivent être à la hauteur du péril. Nous devons tout faire pour conserver la paix dont nous avons un si grand besoin. Mais le vrai moyen de la conserver, c'est précisément de bien voir toute l'étendue du danger et de tout préparer pour une résistance indomptable aux entreprises d'un ennemi acharné.

Si nous voulons jouir des bienfaits de la paix, nous devons être toujours prêts pour la guerre.

DE LA DÉFENSE

DU

TERRITOIRE FRANÇAIS

On vient de dire une fois de plus à la tribune que Paris est le cœur de la France et qu'il faut tout dévouer à sa conservation, à son salut.

Ce préjugé a causé notre ruine en 1814 et en 1870, et, s'il n'est combattu, il est à craindre qu'il n'amène un jour quelque nouvelle catastrophe.

Même avec une série de places fortes sur la frontière, Paris est trop près de cette frontière pour devenir le lieu de concentration des réserves, des approvisionnements et des ressources de toute espèce.

Paris est la capitale commerciale et politique de la France.

Clermont-Ferrant doit en être la capitale militaire, c'est-à-dire le point où doivent être amassées toutes nos ressources.

Ce point, chez toutes les nations, doit être autant que possible au centre de la contrée qu'il s'agit de défendre, et à portée des cours d'eau, des vallées et des autres moyens de communication avec les diverses frontières.

Dans notre pays, Bourges est le point central. mais cette ville est en plaine et trop rapprochée du cours de la Loire, dont les passages seront toujours accessibles à un ennemi qui serait parvenu jusque-là.

Clermont-Ferrant réunit toutes les conditions désirables. Il est situé au milieu des montagnes de l'Auvergne qui séparent le bassin de la Garonne d'avec le bassin de la Loire, et à l'origine de tous les cours d'eau et de toutes les vallées, ou à portée de les atteindre facilement par la Saône et le Rhône.

Le Gouvernement devrait s'y transporter dès le début de la Guerre, lors même que les apparences nous promettraient la victoire, dont nul ne peut répondre.

Les ressources en argent, vivres, munitions, habillement, devraient être amassées dans les environs.

La contrée qui s'étend entre la Loire et l'Allier,

et entre la Loire et la Saône, de Saint-Etienne et Lyon jusqu'à Nevers, se trouve naturellement désignée pour l'emplacement des armées de réserve. C'est là qu'elles seraient cantonnées et prêtes à se mettre en marche.

Un peu en arrière, dans les vallées de l'Indre, de la Haute-Vienne, de la Corrèze et autres, les hommes de nouvelle levée, non encore organisés, pourraient être réunis et instruits.

Les armées combattant vers la frontière pourraient donc être recrutées, renouvelées ou même remplacées entièrement, par des troupes dont l'instruction et l'organisation auraient été complétées à loisir.

Dans cette hypothèse, Paris, au point de vue de la défense du territoire, devient une place de guerre placée en seconde ligne.

Il doit être protégé par des forts détachés, qui, peut-être bien, *pourraient être remplacés par des redoutes en terre,* sans l'emploi d'aucune maçonnerie.

Dès lors, Paris n'est plus une place qu'il faille défendre à outrance : sa population considérable, les richesses qui s'y trouvent accumulées, en font une ville qu'il faut simplement mettre à l'abri d'un coup de main. Il faut attirer d'un autre côté les forces de l'ennemi.

En dehors de la garnison des forts, il n'y faudrait point laisser de troupes ; loin de là : il faudrait en faire sortir les hommes en état de porter les armes, pour en recruter nos armées.

Si l'occupation de Paris ne décide plus de la ruine de toute la France, l'ennemi n'aura plus aucun intérêt pressant à entreprendre le siége ou blocus du camp retranché ; la plus nombreuse de ses armées s'y trouverait immobilisée.

L'ennemi prendra nécessairement pour objectif la partie du pays où sont concentrées nos ressources ; car là seulement est la fin de la guerre ; et plus ce point sera reporté en arrière, plus la ligne d'opération de l'ennemi s'allongera, et plus sa situation deviendra périlleuse à chaque pas qu'il fera en avant.

Il devra laisser un corps d'armée devant Paris, faisant mine d'assiéger les forts, et masquant le mouvement de son armée principale.

Celle-ci, ayant pour base les Vosges, s'avancera vers Dijon et Auxerre pour traverser la Loire vers Cosne et Nevers, et devra, sur cette route semée d'obstacles, renverser les armées que nous opposerons successivement à sa marche (1).

Mais il est facile de voir que ce serait une entreprise insensée de la part de l'ennemi de vouloir nous forcer dans nos derniers retranchements, s'il lui est démontré que nous avons encore des ressources et que nous sommes décidés à résister jusqu'à la dernière extrémité. Par suite, la guerre se localisera certainement dans les départements voisins de la frontière ; le centre et le midi seront à l'abri de ses ravages, et, au moment qu'elles jugeront opportun, nos dernières armées pourront s'élancer sur l'ennemi et le rejeter au delà des frontières.

Donc, l'établissement seul du gouvernement et des réserves en Auvergne, rendrait impossible une nouvelle conquête de notre territoire, *une conquête définitive.*

Il devrait, en outre, jeter un corps nombreux sur sa gauche, dans la direction de Lyon, afin de contenir les troupes françaises qui s'avanceraient de ce côté pour le prendre en flanc. Ou bien, s'il prenait Lyon pour objectif, ce serait sa droite qui se trouverait exposée à une attaque de flanc par une armée française venant de la Loire. Dans l'un et l'autre cas, la ligne de retraite de l'ennemi serait fortement menacée.

·Supposons, au contraire, que Paris reste la principale place de concentration de nos forces (1), et que nous comptions sur la solidité de son camp retranché, à tort ou à raison.

L'ennemi fera peut-être, comme en 1870, du blocus et du siége de Paris, *sa principale opération*.

Mais il est probable qu'il suivra une ligne de conduite différente, de ce que l'attaque et l'occupation de cette ville seront devenues plus difficiles.

Que fera-t-il donc?

A peu près ce que nous avons exposé ci-dessus.

Pendant qu'une armée ennemie suffisante manœuvrera autour du camp retranché, pour y retenir la majeure partie de nos forces, une armée plus nombreuse, marchant rapidement par Dijon et Auxerre, ira s'emparer des passages de la Loire, entre Nevers et Orléans, occupera fortement les deux rives, et interceptera toute communication

---

(1) Comme cette éventualité ne peut se présenter qu'à la suite de la défaite de nos armées vers la frontière, il est certain que la presque totalité de leurs débris viendrait se réfugier à l'abri du camp retranché.

entre le Nord et le Midi de la France, et même avec la Bretagne.

Le Midi serait occupé et contenu sans difficulté ; et le Nord, réduit à ses seules ressources, et parcouru en tous sens par des corps ennemis, serait bientôt forcé de cesser la lutte qui ne pourrait plus être alimentée par le secours de nos provinces.

Nos aïeux commirent cette faute au temps de César. Celui-ci faisait la guerre depuis dix ans, sans avoir réussi à soumettre complétement les Gaules, lorsque, dans la dixième année, les Gaulois eurent la fatale idée de s'enfermer dans Alesia, en Bourgogne, croyant y fatiguer la constance de César.

César vint les y assiéger, établit des lignes formidables de contrevallation et de circonvallation, rendit ses retranchements inexpugnables, repoussa les assiégés dans leurs murs, toutes les fois qu'ils tentèrent une sortie, et résista victorieusement aux attaques de l'armée de secours venant des autres parties de la Gaule. Finalement, la ville affamée fut obligée de se rendre à discrétion.

Le siége de Paris en 1870 faillit se terminer de

même ; s'il eût duré quelques jours de plus, notre capitale, elle aussi, eût été forcée de se rendre à discrétion.

En 1420, Paris fut occupé par les Anglais, et resta en leur possession durant seize années. Tout ne fut pas considéré comme perdu, on ne désespéra pas encore du salut de la France, parce que, depuis plusieurs années déjà, le siége du gouvernement avait été transporté au delà de la Loire. Le jour où Jeanne d'Arc apparut et releva les courages abattus, la patrie fut sauvée, et Paris retourna bientôt aux mains des Français ; taadis qu'en 1814 et en 1870, comme au temps de César, toutes les ressources ayant été rassemblées dans une place trop voisine de la frontière, la ruine de notre pays fut décidée en un seul jour.

Supposons maintenant que, en 1870, Clermont et l'Auvergne aient été, dès longtemps, considérés comme notre forteresse naturelle, notre *réduit* pour ainsi dire, le siége désigné du gouvernement et de l'Assemblée Nationale en temps de guerre. Que l'on se demande, si, malgré la défaite de nos armées vers la frontière, et la tradition de Metz, si la guerre n'aurait pas eu une autre issue.

Paris aurait fermé ses portes et les forts auraient résité tout aussi longtemps ; mais 200,000 hommes n'auraient pas encombré inutilement et affamé la place ; ils seraient allés derrière la Loire, former rapidement, mais avec calme, le noyau de nouvelles armées, et l'Allemagne ne nous aurait point imposé les conditions ruineuses de la paix que nous avons subie.

Paris. — Imp. Richard-Berhtier, pass. de l'Opéra, 18-19.